교과서에 나오는
위인들

위인전 편찬위원회 편

교과서에 나오는
위인들

위인전 편찬위원회 편

자유토론

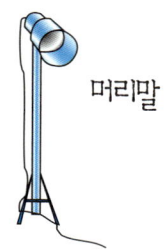 머리말

  어린이 여러분이 읽어야 하는 책은 분야 별로 참으로 많습니다. 동화, 동시, 과학, 역사에 관한 책 등…….
  동화와 동시를 통해서는 무한한 상상력과 창의력을 키울 수 있고, 과학책이나 역사책에서는 비판력과 논리적인 사고력을 키울 수 있습니다.
  위인전도 마찬가지지요. 어린이 여러분은 위인전을 읽으면서 위인들의 어린 시절을 통해 자신을 비교해 보게 되고, 남다른 지혜와 용기를 배우게 되지요. 또한 착하고 슬기롭고, 의로운 마음으로 용기있게 어려움을 헤쳐나가는 지혜를 배우기도 하구요.
  위인은 어린이 여러분의 친구입니다. 역사에 길이 남는 위인이라고 해서 여러분과 다른 종류의 사람이 아닙니다.
  그들도 어린 시절에는 말썽을 피워 부모님께 혼나기도 했고, 잘못을 저질러 참회의 눈물을 흘리기도 했습니다.
  요즘처럼 할 것도 많고 배울 것도 많은 어린이 여러분이 그 많은 위인전을 다 읽을 수는 없습니다.
  교과서에 나오는 위인들만을 가려 뽑아 간략하게 소개해 놓은 이 책 한 권으로 여러분은 교과서 속 위인들을 모두 만나게 될 것입니다.

교과서에 나오는 위인들 ·································· 1학년

우리 민족의 시조 　단군 할아버지 9

한글을 창제한 　세종 대왕 45

애국가를 작곡한 　안익태 63

애국 소녀 　유관순 81

동요를 사랑한 **윤석중** 109

왜적을 무찌른 **이순신** 133

천문 관측 기구를 발명한 **장영실** 153

동의보감을 쓴 **허준** 181

우리 민족의 시조
단군 할아버지

아주 오랜 옛날입니다.

이 땅에는 아직 나라도 없었고 백성을 다스리는 임금도 없었습니다.

다만 아름다운 하늘 나라가 있을 뿐이었지요.

그 하늘 나라를 다스리는 분은 바로 하느님(환인)이셨습니다.

하느님은 하늘 나라를 아주 잘 다스렸답니다.

모두들 편안하고 행복하게 잘 살았으니까요.

하느님께는 여러 명의 왕자들이 있었답니다. 모두 총명한 왕자님들이었지요.

그 중에서도 환웅 왕자님이 가장 지혜롭고 똑똑했습니다.

하느님은 물론이고 하늘 나라의 백성들 모두 환웅 왕자를 침이 마르게 칭찬했습니다.

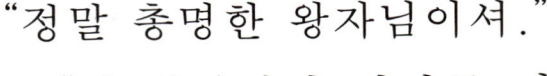

"정말 총명한 왕자님이셔."

"저 왕자님이 나라를 다스리면 모든 백성들이 더 행복할 수 있을 거야."

"더 할 수 없이 인자하고 자상한 분이시지."

그렇게 모두들 입을 모아 환웅 왕자님을 칭찬했습니다.

그런데 환웅 왕자에게는 이상한 버릇이 있었습니다.

다른 왕자들이 재미있게 놀고 있는

시간에도 환웅 왕자는 골똘히 생각에 잠겨 있거나 땅 위를 살피고는 했습니다.

 높은 산을 오르는 사람, 넓은 들판을 뛰어 다니는 아이, 짐승을 뒤쫓는 사람, 모두들 착하고 순박한 사람들이었습니다.

 "땅 위의 사람들은 아름답기도 하구나. 땅으로 내려가 사람들과 함께 살았으면……."

 환웅 왕자의 마음속에는 온통 땅 위에 사는 사람들에 대한 생각뿐이었습니다.

 어느 날 하느님은 환웅 왕자에게 물었어요.

 "얘야, 저 아래에는 뭐가 있느냐?"

"예. 저 밑에는 우람한 산이 있습니다. 푸른 강도 있지요. 그리고 무엇보다 아름다운 인간들이 살고 있습니다."

환웅 왕자는 자랑스럽게 대답했습니다.

"오라, 그런 아름다운 것들이 네 마음을 사로잡았구나."

"그렇습니다. 아버님."

환웅은 용기를 내어 자신의 생각을 말씀드렸습니다.

"인간 세상에 내려가 그들을 널리 이롭게 하고 싶습니다."

"훌륭한 생각이구나. 그렇다면 내가 인간 세상을 다스릴 땅을 정해 줘야겠구나."

"고맙습니다, 아버님."

환웅 왕자는 몹시 기뻐했습니다.

하느님은 환웅 왕자가 내려가 다스릴 만한 땅이 어디일까 자세히 살폈습니다.

"음, 환웅의 말대로 아름다운 곳이로다. 사계절이 뚜렷하고 하늘 또한 높구나. 공기는 맑고 산세 또한 아름답구나."

며칠이 지났습니다.

하느님이 환웅 왕자를 불렀습니다.

"너의 뜻대로 땅에 내려가 인간들을 널리 이롭게 하거라."

환웅 왕자는 뛸 듯이 기뻤습니다.

"반드시 인간을 이롭게 하는 임금이 되겠습니다."

　환웅 왕자의 말대로 '인간을 널리 이롭게 한다'는 정신이 바로 우리나라를 만든 정신이에요.
　다른 말로는 '홍익인간'이라고도 하지요.
　하느님은 환웅 왕자에게 말씀하셨습

니다.

"사람들에게 하늘의 뜻을 알리거라. 또 사람들을 가르쳐서 세상을 이롭게 하거라."

그리고 하느님은 왕자에게 땅을 다스리라는 표식으로 세 개의 천부인을 주셨습니다.

천부인이란 신의 위대한 힘을 상징하는 영험한 물체로서 임금님이라는 것을 증명해 주는 것이기도 합니다.

하느님은 환웅 왕자에게 비, 바람, 구름을 다스리는 신도 데려가도록 하였습니다.

"너희들은 환웅 왕자를 따라 내려가 인간을 이롭게 하고 짐승들도 풍요롭게 살도록 해 주어라."

드디어 환웅 왕자님은 세 명의 신과 삼천 명의 백성을 거느리고 땅으로 내려갔습니다.

그 날 환웅 왕자님이 첫 발을 내디딘 곳은 바로 묘향산이랍니다.

묘향산 꼭대기에는 하느님께 제사를 지내는 곳이 있었어요.

거기에 서 있는 큰 나무를 신단수라고 하지요.

환웅 왕자가 하늘에서 내려온 곳이 바로 신단수였답니다.

그 곳은 경치도 아름다울 뿐만 아니라 사람들도 모두 마음씨가 착했습니다.

세상에 내려온 환웅님은 너무도 할 일이 많았습니다.

사람들의 태어남, 죽음, 질병 등을 먼저 다스렸습니다.

그리고 같이 온 세 신을 불러 당부했습니다.

"너희들은 사람들이 배불리 먹도록 도와 주어라. 농사를 가르쳐 곡식을 가꾸게 하고 잘못을 저지른 사람에게는 벌을 주고 착한 일을 한 사람은 상을 주도록 하여라."

환웅 왕자님은 나머지 부하들에게도 많은 일을 맡겼습니다.

모두 인간 세상에서 필요한 3백 6십여 가지의 일이었습니다.

환웅 왕자 덕분에 사람들은 늘 즐겁고 행복하게 살았습니다.

사람들은 환웅 왕자를 환웅 천왕이

라 부르며 따랐답니다.

"환웅 천왕님 덕분에 늘 즐겁고 편안히 살 수 있게 되었어."

"세상에 그런 분은 다시 없을 거야. 신시 마을에 사는 우리들 모두 배불리 먹을 수 있고 행복하게 살 수 있게 되었어."

사람들 모두 환웅 천왕을 우러르고 높이 받들었습니다.

사람들은 신단수 마을을 신시 마을이라고 불렀습니다.

그 신시 마을에는 사람만 살고 있는 것이 아니었습니다.

곰 한 마리와 호랑이 한 마리도 같이 살고 있었습니다.

두 마리 짐승은 같은 굴 속에서 화

목하게 살며 사람들처럼 환웅 천왕을 믿고 존경했습니다.

어느 날 곰이 친구인 호랑이를 불렀습니다.

"호랑아, 난 사람이 될 거야!"

"뭐, 사람? 짐승은 절대 사람이 될 수 없어! 너는 곰이야."

호랑이는 어이가 없어 웃었습니다.

그러나 곰은 포기하지 않았습니다.

"누가 뭐라고 해도 나는 반드시 사람이 되겠어. 그래서 환웅 천왕님 밑에서 행복하게 살고 싶어. 호랑이 너도 같이 사람이 되면 더 좋을 거야."

너무도 간절한 곰의 말에 호랑이는 눈을 번쩍 떴습니다.

"혹시 천왕님을 찾아가 우리 소원을 들어달라고 부탁하면 되지 않을까?"

곰과 호랑이는 망설이지 않고 단숨에 환웅 천왕님을 찾아갔습니다.

"저희들도 부디 사람이 되게 해 주십시오. 그러면 반드시 착한 백성이 되어 천왕님을 받들겠습니다. 절대 그 은혜를 잊지 않겠습니다."

"안 될 말이다. 어찌 동물인 너희들이 사람으로 변할 수 있단 말이냐."

"저희들은 정말 사람이 되고 싶습니다."

호랑이와 곰의 말에 거기 모인 사람들이 모두 웃었습니다.

그러나 환웅 천왕님은 웃을 수가 없었습니다.

둘의 소원이 너무도 간절해 보였기 때문이었지요.

하지만 결코 쉬운 일이 아니어서 아무 대답도 하지 못했습니다.

며칠이 지났습니다.

곰과 호랑이는 신단수 밑을 떠나지 않았습니다.

"나는 천왕님 허락이 떨어지기 전에는 절대 일어나지 않겠어."

호랑이보다 곰의 결심이 더 대단했습니다.

환웅 천왕은 매일 그들의 기도를

들었습니다.

곰과 호랑이가 몹시 딱했습니다.

천왕님은 다시 둘을 불렀습니다.

"왜 사람이 되려 하느냐?"

"평생 굴 속에서 짐승으로 사는 게 억울합니다. 사람으로 태어나 인간을 이롭게 하겠다는 천왕님의 뜻을 받들고 싶습니다."

 "너희들 마음이 갸륵하구나. 내 그렇게 해 주겠노라!"

 곰과 호랑이는 금방 사람이 되기라도 한 것처럼 펄쩍펄쩍 뛰며 좋아했습니다.

 "어떤 괴로움이라도 다 견딜 수 있겠느냐?"

 환웅 천왕이 물었습니다.

 "어떤 고생이든지 다 견디겠습니다. 부디 사람으로 태어나게만 해 주십시오."

 성미 급한 호랑이가 고개를 번쩍

들고 외쳤습니다.

"그렇다면 이걸 갖고 굴로 들어가 백일 동안 갇혀 지내거라."

환웅 천왕은 둘에게 신령스러운 쑥 한 줌과 마늘 스무 통을 건네 주었습니다.

"백일 동안 이것만 먹어야 한다. 또한 굴 밖으로 나가 햇볕을 봐서도 안 된다. 만약 그 약속을 지키지 못한다면 너희들은 영원히 사람이 될 수 없을 것이다."

"예, 그 약속만은 반드시 지키겠습니다."

곰과 호랑이는 넙죽 환웅 천왕님의 발 밑에 엎드렸습니다.

그 날부터 곰과 호랑이는 굴 속에

서 살기 시작했지요.

약속대로 환웅 천왕이 준 쑥과 마늘만 먹었습니다.

매일 배불리 먹던 곰과 호랑이의 굶주림의 고통은 너무도 컸습니다.

쑥은 너무 맛이 없었고 마늘은 눈물이 날 정도로 매웠습니다. 게다가 양도 너무 적었습니다.

"쑥 한 주먹하고 마늘 스무 통으로 백일을 어떻게 지내?"

하루가 몇 년처럼 길게만 느껴졌습니다.

배가 고픈 것이 아니라 매운 마늘 때문에 속이 몹시 쓰렸습니다.

"시원한 물을 실컷 먹을 수만 있다면 얼마나 좋을까."

호랑이는 배를 움켜쥐고 울면서 말했습니다.

호랑이 머리 속에는 토끼나 멧돼지 고기를 배불리 먹던 일만 떠올랐습니다.

"어이구 배고파라."

호랑이는 곰 앞에서 자꾸 투정을 부렸습니다.

"너 때문이야. 네가 사람이 되고 싶다고 해서 나까지 이 고생이잖아. 매일 배 부르게 먹으면서 살 수 있는데 사람이 되는 게 뭐가 좋아?"

"나는 햇볕이 너무 그립단 말야. 꽃과 나비도 얼마나 보고 싶은지 알아? 어두운 동굴 속이 뭐가 좋아? 또 인간들이 언제 우리를 잡아 먹을 지도 모르잖아."

그래도 곰은 꿈쩍하지 않았습니다.

정말 배가 고프고 햇볕이 그리웠습니다.

친구들도 너무 보고 싶었습니다.

하지만 곰은 꾹 참고 호랑이를 타이릅니다.

"나도 견디기 힘들어. 하지만 나는 천왕님을 믿어. 우리가 참고 견디면 반드시 좋은 날이 올 거야."

"나는 호랑이야. 너는 곰이고. 넓은 들판을 마음껏 뛰어다니면서 사는 것이 훨씬 더 행복할 거야."

"그렇지 않아, 호랑아. 제발 우리 조금만

참자."

곰은 진심으로 호랑이를 염려했습니다.

"너나 실컷 해! 나는 토끼, 멧돼지 실컷 잡아먹고 살 거야. 맨날 일이나 하면서 사는 인간보다 마음껏 먹고 놀 수 있는 호랑이로 사는 게 훨씬 좋아!"

성미 급한 호랑이는 기어이 일을 내고 말았습니다.

"호랑아!"

곰이 눈물을 흘리며 말렸지만 호랑이는 후다닥 밖으로 뛰어나가 버렸습니다.

"안 돼! 호랑아 나가면 안 돼! 제발 돌아와!"

곰은 호랑이를 붙잡으려고 소릴 쳤습니다.

하지만 호랑이는 이미 굴 밖으로 사라져 버렸답니다.

곰은 굴 속에 홀로 남겨졌어요.

허기와 외로움을 달랠 길이 없었습니다.

"호랑이라도 곁에 있으면 덜 힘들 텐데."

곰은 이젠 허기보다도 외로움에 지쳐 가고 있었어요.

너무 외로워 하루도 버틸 수가 없을 것 같았지요.

호랑이처럼 쏜살같이 밖으로 달려 나가고만 싶었습니다.

"몇 발자국만 걸으면 바깥으로 나

갈 수 있어!"

그러나 다음 순간 곰은 그 자리에 털썩 주저앉고 말았습니다.

"안 돼. 나는 꼭 사람이 되고 말 거야."

곰의 눈에서는 하염없이 눈물이 쏟아졌습니다.

그 순간 환웅 천왕의 인자한 얼굴이 떠올랐습니다.

"그래, 나는 그 분을 믿어. 그 분은 분명히 나를 사람으로 만들어 주실 거야."

곰은 가만히 고개를 숙이고 기도를 올렸습니다.

"천왕님 저를 꼭 사람으로 만들어 주세요."

다시 곰은 새로운 각오로 고통을 견뎌 가기 시작했습니다.

아무리 견디기 힘들어도 환웅 천왕님의 얼굴을 떠올리면 참을 수 있었습니다.

드디어 백일이 되었습니다.

이제 곰은 너무 지쳐 꼼짝할 기운도 없었습니다.

구석에 웅크리고 누워 간신히 숨을 쉴 뿐입니다.

의식을 잃고 쓰러져 있는 곰의 귓가로 무슨 소리가 들려왔습니다.

곰은 마지막 힘을 다해 소리를 따라 귀를 기울였습니다.

아름다운 풍악 소리였습니다.

그와 동시에 동굴 밖에서부터 시원

한 바람이 솔솔 불어오는 것이 아니겠어요? 그리고 향기로운 꽃 냄새와 새들의 지저귐 소리도 재잘재잘 들려왔습니다.

쓰러져 있던 곰은 갑자기 정신을 차리고 자리에서 일어났습니다.

몸에서는 불끈 힘이 솟았습니다.

하지만 약속한 백일이 아직 못 되었습니다. 겨우 삼십 칠일이 지났을 뿐입니다. 하지만 밖에서 곰을 부르는 소리가 또렷하게 들렸습니다.

"그만 나오거라!"

곰은 소리를 따라 굴 밖으로 나왔습니다.

밖으로 나오니 세상의 모든 것들이 곰을 반겨주었습니다.

아름다운 새 소리, 맑은 바람, 향기로운 꽃 냄새, 시원한 물…….

그리고 환웅 천왕님이 곰을 반갑게 맞아주었습니다.

"장하구나, 장해. 너는 드디어 그 어려운 일을 해냈어."

"환웅 천왕님! 이제 제 소원을 들어 주시는 건가요? 제 간절한 소원을 들어 주시는 거지요?"

"보아라. 이미 너는 곰이 아니다. 어엿한 사람이 되었다."

천왕님은 천부인을 꺼내 곰의 얼굴을 비춰 주었습니다.

"아!"

곰은 천부인에 비춰진 자신의 모습을 보고 벌어진 입을 다물 줄 몰랐습니다.

너무도 아름다운 소녀 한 명이 거기 있었기 때문입니다.

그렇게 아름다운 얼굴은 한 번도 본 적이 없었습니다.

"감사합니다. 환웅 천왕님!"

"그래, 이제부터 너를 웅녀라고 부를 것이다."

곰으로 있다가 여자로 태어났다 해서 천왕은 웅녀라는 이름을 지어준 것입니다.

"고맙습니다. 환웅 천왕님의 뜻을 받들어 아름다운 여인으로 살아가겠습니다."

모두들 웅녀의 탄생을 축하해 주었습니다.

새는 경쾌한 지저귐으로, 냇물은 맑은 물 소리로, 꽃은 매혹적인 향기로, 바람은 시원한 미풍으로…….

그 중에서도 호랑이가 가장 웅녀를 부러워했습니다.

"아, 나는 왜 참지 못했을까. 조금만 더 견뎠으면……."

호랑이는 한없이 후회했답니다.

하지만 사람이 될 수 있는 기회는 영원히 사라져 버렸습니다.

소원을 풀었지만 웅녀는 또 다른 소원이 있었습니다.

결혼을 하여 예쁜 아기를 낳고 싶었습니다.

웅녀는 날마다 빠뜨리지 않고 신단수를 찾아가 다시 정성스레 기도를 올렸습니다.

"환웅님의 은혜로 사람이 되었사오나 결혼할 상대가 없습니다. 부디 저로 하여금 좋은 배필을 만날 수 있도록 도와 주십시오."

웅녀의 기도 소리는 너무도 간절했습니다.

그 기도 소리를 가장 먼저 들은 것은 비, 구름, 바람 세 신이었습니다.

세 신은 웅녀의 기도 소리를 듣고 서로 고개를 끄덕였습니다.

그리고 그 길로 환웅 천왕님을 찾아 갔습니다.

"천왕님, 웅녀를 왕비로 맞이하십시오. 백성들은 왕비님을 기다리고 있습니다."

신시의 모든 사람들도 천왕님을 찾아와 간청을 했습니다.
"부디 웅녀님을 왕비로 맞이해 주십시오!"
환웅 천왕님은 세 신과 신시 백성

들의 간절한 소원을 들어 주기로 하였습니다.

웅녀를 왕비로 맞이한다면 모든 백성들이 더 행복하고 편안하게 살 수 있을 것 같았습니다.

"그래, 웅녀를 아내로 맞이하겠다."

천왕님의 분부가 끝나자 결혼식 준비가 시작되었습니다.

드디어 결혼식 날입니다.

신시의 모든 사람들은 물론이고 새와 짐승들까지 몰려와 두 사람의 결혼을 축하했습니다.

"축하합니다."

"행복하세요!"

결혼식은 21일 동안 계속되었습니

다.

모두들 먹고 마시고 흥겹게 놀며 축하했습니다. 웅녀는 왕비가 되었습니다.

나무랄 데 없이 아름답고 어진 왕비님이었습니다.

마침내 웅녀는 바라던 아이도 갖게 되었지요.

그 아이는 귀엽고 아름답게 생긴 아들이었답니다.

이 아이가 바로 우리 겨레의 조상인 '단군 왕검'이랍니다.

태백산 단목 밑에서 태어났다 해서 '단군'이라고 이름

지었던 것입니다.

"이 아이는 장차 이 나라를 잘 다스리는 어진 왕이 될 것이다."

환웅 천왕님은 누구보다 단군의 탄생을 기뻐했습니다.

백성들은 태어난 왕자를 '단군 왕검'이라고 불렀습니다.

단군은 무럭무럭 잘 자랐습니다.

총명하고 현명하여 백성들 모두 슬기로운 왕자님을 칭찬했습니다.

기원전 2333년, 단군 왕검은 평양성(옛 서경)에 도읍을 정하였습니다.

나라 이름은 '조선'이라고 지었습니다. 그 나라가 바로 '고조선'이랍니다.

그 후 백악산 아사달로 도읍을 정

했습니다. 이 곳을 궁흘산, 또는 금미달이라고도 하였습니다.

 아사달에서 단군 왕검은 하늘의 뜻을 받들어 나라를 다스렸습니다.

 단군 왕검은 1500년 동안 나라를 다스리다가 임금의 자리에서 물러났습니다. 그리고 장당경(지금의 구월산)으로 옮겨갔습니다.

 비록 그는 임금의 자리에서 물러났지만 백성을 사랑하고 아끼는 마음은 조금도 변하지 않았답니다.

 그 뒤 단군 왕검은 다시 아사달로 돌아와 산신이 되어 나라를 보살폈지요. 그 때 그의 나이 1908세였답니다.

한글을 창제한
세종 대왕

세종 대왕은 어려서부터 책읽기를 매우 좋아했어요.

세종 대왕이 왕위에 오르기 전에는 충녕이라고 불렸지요.

"아, 책 속에는 아름다운 생각이 어쩌면 이다지도 많을까!"

충녕 왕자는 한시도 책에서 손을 떼지 않았답니다.

밤낮을 가리지 않고 책을 읽었지요. 그러다 마침내 병까지 얻고 말았답니다.

아버지 태종 임금은 가슴이 덜컥 내려 앉았답니다.

"충녕이 병을 얻다니? 여봐라! 당장 의원을 불러 오도록 하라!"

충녕 왕자를 진찰해 본 의원은 근

심스런 얼굴로 말했습니다.

"상감마마, 왕자님의 몸이 많이 약해졌사옵니다. 날마다 책만 읽기 때문인 듯하옵니다. 잠시 책을 멀리하게 하옵소서."

그 날부터 태종 임금은 충녕에게 병이 나을 때까지 책을 보지 말라고 명령을 내렸습니다.

그런데 며칠 뒤의 일이었습니다.

"상감 마마, 충녕 왕자님께서 다시 책을 읽고 있사옵니다."

임금님 옆에서 시중을 드는 내시가 조심스럽게 말했습니다.

시간만 나면 책을 읽는 충녕 왕자가 너무도 걱정스러웠던 것입니다.

"다시 책을 읽는다고? 너는 당장

충녕의 방으로 가서 책들을 모조리 거둬 오도록 하여라!"

내시는 헐레벌떡 충녕 왕자의 방으로 뛰어 갔습니다.

"왕자님, 상감마마께서 책을 거두어 오라 하시옵니다."

충녕 왕자님은 너무도 당혹스러웠지만 어쩔 수가 없었습니다. 내시는 서둘러서 책을 챙겨들고 방을 나섰습니다.

그런데 내시가 완전히 사라질 무렵 충녕 왕자님은 슬그머니 병풍 뒤로 들어졌습니다.

다시 나온 왕자님의 손에는 책 한 권이 들려 있었습니다.

충녕 왕자는 책을 읽을 때가 가장 행복했습니다.

그래서 만약을 대비해 몰래 한 권을 감춰두었던 것이지요.

충녕 왕자님은 스물두 살이 되던 해에 임금의 자리에 올라 세종 대왕이 되었습니다.

임금이 되어서도 공부를 멀리한 적이 없었답니다.

"왕이 많이 알아야 백성을 바른 길로 이끌 수 있을 것이다."

세종 대왕은 대신들에게도 많은 책을 읽으라고 권하였습니다.

어느 추운 겨울밤이었습니다.

세종 대왕은 학자들이 밤을 어떻게 지내고 있는지 궁금했습니다.

그래서 학자들이 공부하는 집현전의 뜰에 나가셨지요.

그 때가 새벽 두 시경이었습니다.

때마침 신숙주란 학자가 글을 읽고 있었지요.

글 읽는 낭랑한 목소리는 집현전 안뜰 가득 울려 퍼졌습니다.

신숙주의 글 읽는 소리는 그칠 줄 몰랐답니다.

겨울밤의 추위는 갈수록 더해만 갔지요.

"상감마마, 이제 안으로 드시지요. 날씨가 차갑습니다."

곁에 있던 내시가 세종 임금의 건강을 염려해서 말했습니다.

"쉿, 조용히 하거라! 내 저 방에 불이 꺼질 때까지 이 곳에 있겠노라!"

세종 대왕은 밤을 새워 공부하는 신하가 무척 고마웠습니다. 그래서 집현전 뜰을 떠날 수가 없었답니다.

이윽고 동녘이 밝아 올 무렵에야 글 읽는 소리가 그쳤습니다.

그리고 방안이 어두워지는 것이었습니다.

"어허, 기특한지고. 저런 학자가 많아야 이 나라가 바로 설 수 있을 것이다."

이튿날 잠에서 깨어난 신숙주는 깜

짝 놀랐습니다.

자신의 몸 위에 임금님의 옷이 덮여 있는 것이 아니겠어요?

"임금님께서 내가 잠든 사이에 친히 덮어 주신 모양이구나."

너무도 감격한 신숙주의 두 눈에서는 눈물이 흘러 내렸답니다.

세종 대왕은 학문을 중하게 여기는 한편 백성들이 배불리 먹고 평화롭게 지낼 수 있는 방법을 늘 골똘히 생각했습니다.

백성들이 배불리 먹을 수 있게 하려면 농사를 발전시켜야 했습니다.

세종 임금은 계절에 맞는 농사법을 온 나라에 지시했습니다.

'농사 직설'이란 책 속에는 벼는

언제 심고, 보리는 언제 심으며 거름은 언제 주어야 추수를 많이 할 수 있는지 그 방법이 자세하게 적혀 있습니다.

측우기도 이 당시에 발명되었답니다. 측우기란 비가 오는 양을 재는 기구를 말하지요.

비의 양을 잴 수만 있다면 농사에도 크게 도움이 될 것은 당연한 일입니다.

세종께서는 나라를 지키기 위해 국방에도 힘을 쏟았답니다.

"나라 밖으로 오랑캐와 왜구가 들끓고 있구나. 백성들이 편안하게 지낼 수 있으려면 국방을 튼튼히 해야겠구나."

세종께서는 김종서 장군에게 4군과 6진을 개척하도록 지시하였습니다.

이 일로 우리 나라의 북쪽 끝은 두만강과 압록강으로 정해졌답니다.

그뿐이 아닙니다.

백성들의 생활이 편리하도록 여러 과학도구를 발명하기도 했답니다.

세종 대왕의 명을 받은 장영실은 날마다 연구를 거듭했습니다.

그리하여 마침내 간의와 혼천의를 만들었지요.

세종 대왕은 뛸 듯이 기뻐하셨습니다.

간의는 별들을 관측하는 기구랍니다. 또 혼천의는 별들의 움직임

과 그 위치를 기록하는 기구이지요.

어질고 훌륭한 임금님이 나라를 다스리니 평화로운 세월은 계속되었습니다.

"올해도 풍년이구나!"

"그건 모두 다 임금님을 잘 둔 덕이라네!"

백성들은 이토록 훌륭한 임금을 우러르고 따랐답니다.

그런데 세종 대왕에게는 오래 전부터 안타깝게 여겨오던 일이 있었습니다.

"나라의 말이 중국과 달라서 백성들이 사용하는 데 어려움이 많구나. 사용하기에 편리한 우리 글자를 만들어야겠다."

한자는 양반이 아닌 일반 백성들이 사용하기엔 너무 어려웠습니다.

그리하여 세종 대왕은 총명한 선비들과 함께 밤낮으로 한글 연구에 힘을 쏟았습니다.

나중엔 눈병까지 얻고 말았지요.

그러나 모든 일이 순조로운 것만은 아니었지요.

어느 날 최만리라는 학자가 상소문을 올렸습니다.

"폐하! 중국 문자를 가지고도 충분히 뜻을 표시할 수 있지 않습니까. 그런데, 무엇 때문에 새로운 문자를 만드십니까?"

세종 대왕은 그 말을 듣고 몹시 화를 냈습니다.

"중국 문자를 빌어 기록하는 일이 부끄럽지도 않단 말이더냐? 이 일은 한자를 익히지 못한 일반 백성을 위한 일이니 더 이상 반대하지 말라!"

세종 대왕이 그렇게 화를 내는 모습을 보지 못한 최만리는 더 이상 입을 열 수가 없었습니다.

세종 대왕과 학자들의 노력 끝에 드디어 1446년 새로운 글자가 빛을 보게 되었습니다.

"이 글자는 오래도록 백성들을 바르게 이끌 것이니 '훈민정음'이라 부를 것이오."

신하들은 모두 훌륭한 생각이라고 입을 모았답니다.

우리가 지금껏 사용하는 한글은 그

렇게 해서 태어났답니다.

만약에 세종 대왕 같은 분이 안 계셨다면 우리는 어떻게 됐을까요?

아직도 남의 나라 글을 빌어다 쓰고 있을 테지요?

한글은 우리 민족이 가지고 있는 가장 훌륭한 보배랍니다.

세계 여러 나라 사람들은 우리 나라에 와서 이렇게 말하곤 합니다.

"이렇게 아름답고 독창적인 언어가 있었구나. 기회가 있다면 꼭 한번 배워보고 싶어!"

세종은 임금이 된 지 31년째 되던 해 겨울부터 건강이 나빠졌습니다.

백성을 위한 나라 일에 너무 많은 신경을 쏟았던 탓입니다.

마침내 세종 대왕은 1450년 54세를 일기로 고요히 잠이 드셨습니다.

그러나 세종 대왕은 우리 나라 역사상 가장 위대한 임금이랍니다.

민족의 얼인 한글을 만드셨기 때문이지요. 세종 대왕은 겨레와 더불어 영원히 살아 계실 것입니다.

애국가를 작곡한
안익태

"형이 왜 안 오지?"

소년은 툴툴거리며 짜증을 냅니다.

지금 여섯 살인 꼬마 이름은 안익태입니다.

소년 옆에는 포플러 나무 한 그루가 서 있고 나무 위에서는 매미가 시끄럽게 울고 있습니다.

맴맴맴…….

익태의 귀에는 매미 소리도 들리지 않았습니다.

익태는 포플러 나무 주위를 빙빙 돌며 서성입니다.

"형이 왜 안 오지? 이렇게 기다리는데……."

익태는 이른 아침부터 이 곳에 나와 형을 기다렸습니다.

"애야, 오늘 네 형이 온단다."

아침에 익태는 엄마에게 그 말을 듣고 뛸 듯이 기뻤습니다.

일본으로 공부하러 간 형이 드디어 돌아온다는 것입니다.

그런데 해가 중천을 넘어설 때까지 형의 모습은 보이지 않습니다.

기다림에 지친 익태는 턱을 괴고 앉아 형의 모습을 떠올려 봅니다.

작년 겨울에 형과 함께 갔던 음악회가 떠올랐습니다.

"익태야! 넌 어떤 악기 소리가 제일 맘에 들었어?"

"음, 난 이렇게 가슴에 안고 켜는 게 제일 좋았어."

익태는 형을 향해 악기를 켜는 흉

내를 냈습니다.

"하하 그건 첼로라고 하는 거란다. 첼로."

"첼로?"

익태는 눈을 반짝이며 형의 얼굴을 쳐다보았습니다.

"그래. 너도 조금 더 자라면 그 악기를 켤 수 있을 거야."

그러면서 형은 약속 한 가지를 했습니다.

"다음 여름 방학에 돌아올 때 그 악기를 사다줄게."

"정말? 정말이지, 형!"

익태는 뜻하지 않은 형의 약속에 기뻐서 깡총깡총 뛰었습니다.

그 후로 소년 익태는 형이 오는 날만 손꼽아 기다렸던 것입니다.

"익태야!"

뒤에서 부르는 소리가 들렸습니다.

아, 그건 분명 형의 반가운 목소리였습니다.

돌아보니 형이 커다란 악기를 들고 다가오고 있었습니다.

"형!"

익태는 후다닥 뛰어가 형의 품에 안깁니다.

"약속했던 첼로란다. 자 한번 보려므나!"

"와, 신난다!"

소년 익태는 좋아서 형의 팔에 매달렸습니다.

그 날 밤 익태는 날이 새도록 첼로를 켜며 좋아했습니다.

아직 제대로 켤 줄은 모르지만 선율이 너무도 아름다웠습니다.

그러나 가족들의 걱정은 이만저만이 아니었습니다.

첼로를 손에 넣은 날부터 익태는 밥 먹는 것도 친구들과 노는 것도 잊었습니다.

"그러다 건강을 해치겠구나. 제발 나가서 놀아라."

"예, 알겠습니다."

그렇게 대답은 했지만 어머니가 다른 일에 눈을 돌리면 다시 첼로 옆으로 달려갔습니다.

그렇게 선물로 받은 첼로가 소년

안익태를 세계적인 음악가로 만들어 준 계기가 되었습니다.

 안익태는 1905년 평안남도 평양시에서 태어났습니다.

 첼로를 선물로 받고 몹시 즐거워했던 소년 안익태는 평양 숭실 학교를 마치고 일본으로 건너갔습니다.

 젊은 안익태는 일본 국립 음악 학교에서 공부했습니다.

 그 곳에서 본격적으로 첼로를 배웠지요.

 안익태는 음악 학교를 졸업한 후에 보다 깊이 있는 음악을 공부하고 싶었습니다. 그래서 미국으로 건너 갔습니다. 안익태는 미국에서 필라델피아 커티스 음악 학교에 입학했답니다.

 미국에서 그는 자랑스러운 한국인이었습니다.

 언제나 겸손하고 늘 예의바른 청년 안익태.

 그러나 한국인들이 안익태를 더 존경한 까닭은 바로 음악에 대한 재능 때문이었습니다.

 안익태는 미국 신시내티 음악 학교에서 첼로와 작곡을 열심히 공부했습니다.

 "미국은 고전 음악의 본고장이 아니야! 하루라도 빨리 유럽에 가서 새롭게 음악을 공부해야 해!"

 1936년 안익태는 꿈에도 그리던 유럽으로 건너가게 되었습니다.

1937년에 그는 리하르트 시트라우스의 제자가 되었습니다.

안익태의 타고난 음악적 감각과 지칠 줄 모르는 노력에 감탄한 리하르트 시트라우스는 안익태에게 교향악단을 지휘하게 했습니다.

"명지휘자로 세상에 이름을 떨쳐 보시오."

"열심히 해보겠습니다."

안익태는 더욱 열심히 노력을 했습니다.

그러면서도 조국을 위해 보람있는 일을 해야 된다는 생각은 한 번도 잊은 적이 없었습니다.

당시 우리 나라 애국가는 영국 민요에 가사를 붙인 것이었습니다.

안익태는 애국가를 새롭게 작곡하고 싶었습니다.

"우리 나라에 맞는 애국가가 있어야 해! 새롭고 아름다운 애국가를 만들어 보리라."

며칠 동안 안익태는 밤잠을 이루지 못했습니다.

애국가의 악상을 생각하느라 밥 먹는 것도 잊을 정도였습니다.

애국가를 만들며 큰 소리로 불러보기도 했습니다.

그러다 마음에 들지 않는 부분은 고치고 또 고쳤습니다. 4분의 4박자의 애국가. 그 애국가는 그렇게 해서 세상에 태어난 것입니다.

　1939년에 안익태는 부다페스트 국립 음악 학교에서 공부하게 됩니다.

　그리고 지휘자로서 여러 나라를 순례하였습니다.

　그 뒤 안익태는 영국의 르열 필하모닉, 이탈리아의 로마 교향악단을 지휘하기도 했습니다.

　시간이 흘러감에 따라 그의 명성은 날로 높아 갔습니다.

　나중에는 각국의 유명한 2백여 교향악단을 지휘하기도 했답니다.

　정말 안익태는 자랑스러운 한국인이었습니다.

　"나는 자랑스러운 한국인이다. 비록 다른 나라의 교향악단을 지휘하지만 '한국 환상곡'을 제일 먼저 연주하리라."

안익태는 어떻게 해서든 우리 나라를 세계 만방에 알리고 싶었습니다.

그래서 연주회가 있을 때마다 스스로 작곡한 '한국 환상곡'을 빠짐없이 연주했습니다.

1965년 7월 4일 런던 로열 알버트 홀에서 안익태는 뉴 필하모닉 교향악단 지휘를 하게 되었습니다.

그 연주회에서도 안익태는 '한국 환상곡'을 먼저 연주했습니다.

그러나 이 해 여름 9월 17일 안익태는 세상을 떠났습니다.

스페인에 위치한 바르셀로나 병원에서였지요.

비록 그는 세상을 떠났지만 그를 사랑하는 사람들은 이후에도 너무나 많았습니다.

1957년에는 그의 업적을 기리어 문화포상이 주어졌습니다. 또 문화 훈장 대통령장을 받기도 했지요.

　한국이 낳은 위대한 음악가, 안익태 선생의 위대한 조국 사랑 정신은 아직도 우리 가슴에 아름다운 선율로 흐르고 있습니다.

애국 소녀
유관순

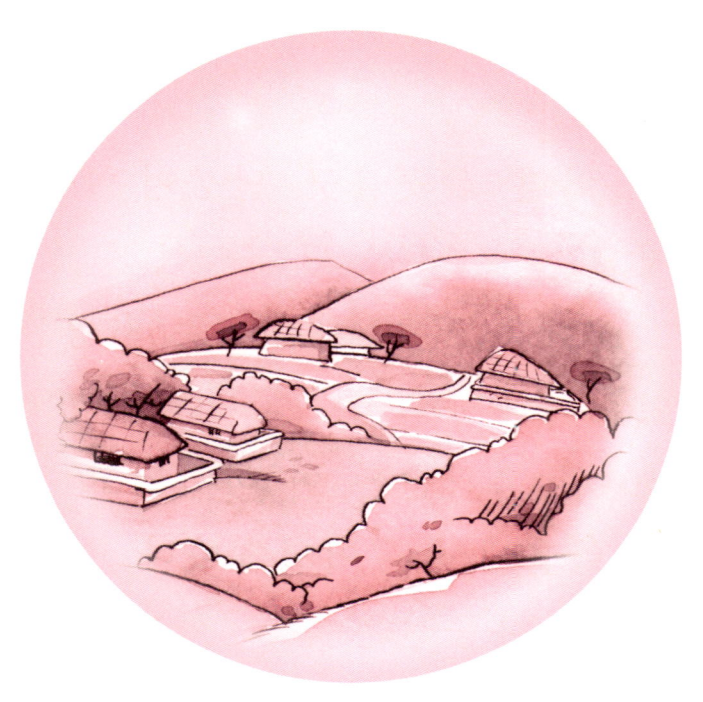

 지금 독립 기념관이 자리 잡고 있는 천안군 목천면 지령리에 예전에는 마을 앞 논밭 사이로 맑은 냇물이 흐르고 있었습니다.
 마을 뒤편으로는 봄이면 진달래가 활짝 피어 아름답게 치장을 하곤 했

습니다.

가을이면 울긋불긋 단풍이 아름다웠지요.

그 곳에는 무척 아름다운 지령산이 있었습니다.

1904년 유관순은 이 아름답고 평화로운 마을에서 태어났습니다.

아버지 유중권은 홍호 학교를 세워 학생들을 가르쳤습니다. 하지만 일본 사람들의 방해로 학교는 문을 닫고 말았습니다.

관순은 어릴 때부터 명랑하고 착실하였습니다.

그러나 한번 옳다고 생각한 일에는 끝내 자신의 고집을 굽히지 않았습니다.

관순이 열세 살 되던 해에 있었던 일입니다.

밖에 놀러 나갔던 어린 동생 관복이가 머리를 다쳐 돌아왔습니다.

화가 나신 아버지께서 관순을 불렀습니다.

"관순아. 어서 가서 관복이를 때린 녀석을 불러오너라."

"그럴 필요가 없어요. 애초에 관복이가 잘못했으니까요."

관순의 대답에 아버지는 더 화가 나셨습니다.

"냉큼 녀석을 데려오지 못하겠느냐!"

"다른 말씀은 들어도 지금 하신 말씀은 듣지 못하겠어요."

"뭐라고?"

아버지의 목소리는 떨리고 있었습니다.

"이번 일은 분명히 관복이가 잘못했습니다. 그래서 때린 그 아이를 데려올 수가 없습니다. 오히려 관복이가 그 아이를 찾아가 사과를 해야 됩니다."

"지독한 고집쟁이로군. 저게 어떻게 내 딸인지, 원."

그러나 한편으로 아버지는 관순의 곧은 마음을 은근히 기뻐했습니다.

1916년 3월, 관순은 고향 마을을 떠나게 되었습니다.

서울의 이화 학당에서 공부를 하게 된 것입니다.

이화 학당에 들어간 관순은 기숙사 생활을 하면서 정말 열심히 공부하였습니다.

"일본에게 빼앗긴 나라를 하루라도 빨리 되찾아야 해."

관순은 나라를 찾아야 된다는 각오로 공부를 했습니다.

관순은 무슨 일이든지 나보다 남을 먼저 생각했습니다.

가난한 친구를 보면 그냥 넘어가질 못했습니다.

자신은 굶더라도 배가 고픈 친구를 보면 도와 주어야 편했습니다.

너무도 가난해 학업을 중단해야 하는 친구를 위해 몰래 학비를 마련해 주기도 했습니다.

관순은 그렇게 늘 남에게 베풀기를 좋아했습니다.

"나는 글을 잘 쓰고 읽을 줄 밖에 몰라. 비록 조그만 재주지만 글을 모르는 사람에게는 큰 도움이 될 거야."

그렇게 결심한 관순은 방학이 되면 어김없이 고향으로 내려갔습니다.

고향에 내려가 글을 읽을 줄 모르는 사람들에게 글을 가르쳐 주기 위해서였지요.

관순이 그렇게 나보다 남을 위해서 살아야겠다고 결심하게 된 동기는 두 권의 책 때문이었습니다.

관순은 보통과를 졸업할 무렵 두 권의 책을 선물로 받았습니다.

잔다르크와 나이팅게일의 전기였습니다.

잔다르크는 프랑스의 애국 소녀였습니다. 잔다르크가 16세 되던 해 프랑스는 영국과 전쟁을 하게 되었답니다.

이 때, 잔다르크는 온몸을 바쳐 조국을 구했습니다.

나이팅게일은 간호사였습니다.

나이팅게일은 아픈 사람을 돌보기 위해 전쟁터도 무서워하지 않고 달려갔습니다.

관순은 두 사람의 전기를 되풀이해서 읽었습니다.

'나도 나이팅게일처럼 착하고 잔다르크처럼 용감한 사람이 되겠어.'

관순은 그렇게 다짐했습니다.

어느덧 1919년, 열여섯 살이 된 유관순에게 운명의 해가 왔습니다.

어느 날, 관순은 친구와 함께 학교 뒤쪽에 위치한 언덕으로 올라갔습니다.

그 언덕에서는 서울 장안이 환히 내려다 보였습니다.

"얘, 저기 좀 봐! 웬일일까?"

한 친구가 내려다 보이는 덕수궁 안을 손가락으로 가리켰습니다.

"무슨 일이 생겼나 봐!"

그 때의 궁금증은 이틀 후에 풀렸습니다.

'고종 황제께서 갑자기 뇌일혈로 돌아가시다!'

그런 보도가 신문에 났으니까요.

그런데 이상한 소문이 나돌기 시작했습니다.

"고종 황제께서 독살 당하셨다는구만."

"이런 원통한 일이 있나. 황제가 왜놈들한테 독살을 당하다니. 가만히 있을 수는 없어!"

백성들 가슴에서는 피가 끓어 올랐습니다.

나라를 잃은 것도 서러운데 임금마저 잃게 되다니…….

당시 독립지사들은 일본 경찰 몰래 모임을 갖고 있었답니다.

"여러분 이제 더는 참을 수가 없습니다. 일본놈들은 우리의 임금님마저 독살했습니다. 이제 우리의 독립을 외쳐야 할 때입니다!"

 이렇게 해서 독립 지사들은 독립 선언서를 작성하게 되었습니다.

 독립 선언서는 여러 학교의 학생 대표들에게 전달되었습니다.

 학생 대표들은 그 선언서를 재빨리 모든 학생들에게 전달하였습니다.

 다시 학생들은 빠르게 서울 장안에 독립 선언서를 뿌렸습니다.

 3월 1일, 그 날 탑골공원에서 우리 나라의 독립을 외치자는 내용이었습니다.

 만세를 부르며 우리의 뜻을 세계 만방에 알리기로 했습니다.

 유관순도 이화 학당의 친구들과 함

께 만세 운동에 참가하기로 다짐했습니다.

"우리도 가만히 보고 있을 수는 없어. 왜놈들을 물리칠 수 있는 일이라면 무엇이든 해야만 해!"

3월 1일 오후 2시.

민족 대표 33인은 인사동 태화관에 모였습니다.

그들은 우리 나라의 독립을 선언했습니다. 그리고 '대한 독립 만세'를 외쳤습니다.

같은 시각에 파고다 공원에도 사람들이 가득 모여 있었습니다.

헤아리기 힘들 정도로 많은 사람들이었습니다.

그러나 그들은 모두 하나였습니다.

한마음 한목소리로 목놓아 외쳤습니다.

"대한 독립 만세!"

"대한 독립 만세!"

　사람들은 가슴 깊이 묻어둔 태극기를 꺼내들고 공원에서 거리로 쏟아져 나갔습니다.

　유관순도 친구들과 함께 만세를 외쳤습니다. 목에서 피가 나도록 만세를 불렀습니다.

"대한 독립 만세!"

"대한 독립 만세!"

　만세 소리는 곧 온 서울 거리에 울려 퍼졌습니다.

　일본의 헌병 대장은 서둘러 병사들을 풀었습니다.

　일본 헌병들은 잔인하기 짝이 없었습니다.

　사람들을 흩어지게 하려고 총을 쏘

거나 칼을 빼들고 정신없이 휘둘렀습니다.

그러나 군중들은 꿈쩍도 않고 독립 만세를 외쳤습니다.

마침내 헌병들의 총칼에 맞아 쓰러진 사람들의 시체가 가득했습니다.

그래도 사람들은 물러설 줄 몰랐습니다.

왜놈들의 총칼 앞에서 만세 소리는 더욱 커져만 갔습니다.

그 후 일본 총독부는 만세 운동을 못하도록 학교 문을 닫게 했습니다.

이화 학당의 학생들도 모두 제 고향으로 뿔뿔이 돌아가야만 했습니다.

유관순도 고향에 내려갈 수밖에 없

었습니다.

 고향에 돌아온 유관순은 이 곳에서 할 일이 무엇일까를 골똘하게 생각했습니다.

 유관순은 자신이 앞장서서 만세 운동을 하기로 마음먹었습니다.

 유관순은 교회 어른들을 찾아갔습니다.

 "서울에서 시작된 만세 운동이 온 나라에 퍼지도록 해야 됩니다."

 교회 어른들은 유관순의 말에 깊은 감명을 받았습니다.

 "어린 것이 대견하기도 하구나! 우리도 네 뜻을 따르겠다."

 그 날부터 유관순은 근처 마을을 돌아다녔습니다.

험한 산을 넘고 넓은 강을 마다하지 않고 건너 다니며 대한 독립 만세를 부르자고 외쳤습니다.

마을 청년들도 관순을 돕자고 나섰습니다.

"먼저 어디서 만세 운동을 일으킬까?"

"장터가 최고지. 사람들도 많이 지나다니니까 가장 좋은 장소가 될 거야."

"그럼 언제 만세를 부르지?"

"서울에서는 3월 1일에 만세 운동이 일어났지? 우리는 음력 3월 1일에 하는 게 좋겠어."

이렇게 하여 만세 운동 준비는 차츰 마무리되고 있었습니다.

유관순은 태극기를 만들어 사람들에게 나눠 주었습니다.

드디어 음력 2월 그믐날 밤이 되었습니다.

산꼭대기에 오른 유관순은 횃불에 성냥을 그었습니다. 횃불은 순식간에 뜨겁게 타올랐습니다.

그러자 순식간에 동쪽 산봉우리에서도, 서쪽 산봉우리에서도 횃불이 타올랐습니다.

이튿날인 음력 3월 1일 정오였습니다. 아우내 장터에는 사람들이 구름같이 모여들고 있었습니다.

그들은 저마다 품속에 태극기를 지니고 있었습니다.

관순은 장터의 정자에 올라섰습니

다. 그리고 결의에 찬 목소리로 독립선언서를 읽었습니다.

그러자 사람들이 두루마기 속에서, 치마 폭에서, 일제히 태극기를 꺼내 들었습니다.

"대한 독립 만세!"

"대한 독립 만세!"

태극기의 물결과 만세 소리가 순식간에 온 장터를 뒤흔들었습니다.

당장 일본 헌병들이 달려왔습니다.

그들은 만세를 부르는 사람들의 가슴에 칼을 꽂고 총을 쏘아댔습니다.

"대한 독립 만세!"

사람들은 피를 흘리며 쓰러져 가면서도 손에 쥔 태극기만은 놓치지 않았습니다.

거리에는 피를 흘리며 쓰러진 사람과 피로 얼룩진 태극기가 가득했습니다.

"아버님! 어머님!"

앞장 서서 만세를 부르던 유관순은 총탄에 맞고 쓰러진 아버지와 어머니를 부둥켜 안고 울부짖었습니다.

부모님의 몸에서 흘러나온 피는 유관순의 치마저고리를 흥건하게 적셨습니다.

만세 사건에 앞장 선 사람이 유관순이라는 것을 알아낸 일본 헌병들은 당장 유관순을 잡아들였습니다.
"만세 운동을 계획한 사람의 이름

을 대라!"

"나 혼자서 한 일이다! 당신들도 나라를 잃었다면 나처럼 만세 운동을 했을 것이다!"

유관순은 일본 헌병들의 모진 고문에 굴하지 않았습니다.

"석방되어 나가고 싶지 않느냐?"

"너희놈들이 물러가지 않는 한 조선은 어디를 가나 감옥이다. 내가 여기 있어도 감옥이요, 밖에 나가도 감옥이다!"

유관순은 말을 마치고 목청껏 '대한 독립 만세'를 외쳤습니다.

"일본은 반드시 망하고, 너희 왜놈들은 천벌을 받을 것이다."

"감히 대일본 제국을 모욕해! 도저

히 용서할 수 없다."
 일본 헌병들의 고문은 날로 거칠어만 갔습니다.

결국 유관순은 힘든 감옥살이로 병을 얻고 말았습니다.

1920년 10월 12일, 유관순은 열여덟 살의 꽃다운 나이로 생을 마쳤습니다.

죽기 전에 유관순은 하느님에게 간절히 기도했습니다.

"주님, 제가 세상을 뜨거든 천국에 계신 부모님과 만나게 해 주십시오. 그리고 우리 나라에 광명을 주십시오. 이 땅에도 독립과 축복을 내려 주십시오."

동요를 사랑한

윤석중

윤석중은 서울이 고향입니다.

1911년 5월 25일, 맑은 물이 흐르는 서울 한복판 수표정 13번지 초가집에서 태어났습니다.

예전에 수표 다리가 있었던 부근이지요.

윤석중은 퍽 조용하고 차분한 성격이었습니다.

그러나 불행히도 윤석중은 어려서 어머니를 잃었습니다.

어머니가 돌아가신 뒤 외할머니 손에서 자랄 수밖에 없었지요.

외할머니에게 석중은 하나밖에 없는 핏줄이었습니다.

그래서 혹시 무슨 사고라도 생길까 봐 자나깨나 걱정이셨습니다.

"많이 먹지 마라. 배탈 날라."

"뛰어 놀지 마라. 넘어지면 다친다."

"남의 집에 함부로 가지 마라. 병이라도 옮으면 큰일이다."

말끝마다 '마라'가 따라다녔습니다.

학교에 가서도 마찬가지였습니다.

"공부 시간에 딴 생각 하지 마라."

"국기(일본기) 앞을 그냥 지나가지 마라."

"조선말 쓰지 마라."

그 많은 '마라'라는 말 중에 석중이 가장 싫었던 것은 "조선 말 하지 마라"였습니다.

그런 반항심은 열세 살이라는 어린

나이에 잡지를 만들어 친구들과 돌려 볼 만큼 석중을 어른스럽게 해 주었습니다.

석중은 구연 동화를 많이 듣고 자랐습니다.

구연 동화란 사람이 직접 나와 어린이를 상대로 이야기를 들려주는 것이지요.

석중은 소파 방정환 선생님의 구연 동화를 너무도 재미있어했습니다.

"오늘 '황금거위' 한다."

석중은 마치 자신이 구연 동화를 하기라도 하는 것처럼 아이들 앞에서 자랑을 하고는 했습니다.

방정환 선생님은 몹시 뚱뚱했습니다. 그 작고 뚱뚱한 몸으로 무대 위를 뛰어다니며 거위 흉내를 낼 때면 석중은 신비한 동화의 세계로 흠뻑 빠져들곤 했습니다.

"엄마, 오줌 마려워."

어떤 애는 오줌이 마려워서 몸을 배배 꼬았습니다.

그렇지만 나갈 수가 없었습니다.

사람이 너무 많았고 이야기도 너무 재미있어서 놓칠 수가 없었던 것입니다.

할 수 없이 고무신을 벗어 오줌을 싸기도 했습니다.

수원에 있는 화성 소년의 큰 마당에서 동화 대회가 열렸을 때입니다.

사람들은 나무 위에까지 열매처럼 매달렸습니다.

너무 소란스러워지자 경찰 아저씨들이 나왔습니다.

하지만 방정환 선생님의 슬픈 이야기에 그 경찰 아저씨들도 손수건으로 눈물을 닦으며 울었습니다.

석중은 이야기 듣는 것도 좋아했지만 책읽기도 무척 좋아했습니다.

글 솜씨도 뛰어났습니다.

"나도 훌륭한 글을 쓸 수 있다면……."

지금까지 남의 글만 읽고 들었지만 이제부터는 직접 써보고 싶었습니다.

"꼭 해내고 말겠어."

결국 윤석중은 열세 살 무렵부터 동요를 짓기 시작했습니다.

양정 중학교 시절에는 각종 잡지에 동시와 동요를 발표하기도 했습니다.

"아니, 이게 중학생이 쓴 거야? 어른 뺨치겠군."

석중의 글을 본 선생님들은 하나같이 혀를 내둘렀습니다.

바람이 아기처럼
잔디밭으로 기어간다.

바람이 아기처럼
꽃나무를 흔든다.

바람이 아기처럼
모자를 벗겨 간다.

바람이 아기처럼

할아버지 수염을 만져 본다.

석중의 '바람이 아기처럼'이란 동시입니다.

윤석중의 글들은 다정하고 아름답습니다.

어린이들뿐만 아니라 어른들도 좋아했습니다.

윤석중은 양정 고보에 다녔는데 졸업장을 받지 않은 사건으로도 유명했습니다.

"과연 내가 학교에 다니면서 무엇을 배웠단 말인가."

석중은 학교에 다니는 동안 엉터리로 공부를 했다는 생각이 들어서 졸업장을 받을 수가 없었답니다.

 그 후 석중은 집안이 어려워 대학에 진학할 형편이 못 되었습니다.

 하지만 포기하지 않고 혼자서 일본으로 떠났습니다.

 '미술 전람회에 가서 그림에다 코를 박고 보면 물감칠밖에 보이지 않습니다. 거리를 두고 〈내 나라〉의 모습을 좀 더 똑똑히 보기 위하여 나는 현해탄을 건너 일본 쪽에 왔습니다.'

 윤석중은 일본에서 친구에게 그런 편지를 써보냈습니다.

 그곳에서도 윤석중은 열심히 동요를 지었습니다.

 하지만 너무도 가난했습니다.

항상 쌀이 없었습니다.

너무 굶어서 나중에는 물을 마실 기운조차 없었습니다.

사흘 동안 꼼짝 않고 누워 있는 것이 이상했던지 주인 아주머니가 올라왔습니다.

"어디 아파서 그래요?"

"아니오. 조금 피곤해서 누워 있습니다."

윤석중은 일본 사람의 도움은 조금도 받고 싶지 않았던 것입니다.

외할머니가 너무 보고 싶었습니다.

'나를 얼마나 보고 싶어하실까.'

그런 생각밖에 들지 않았습니다.

어머니처럼 아껴 주시고 사랑해 주셨던 할머니였습니다.

윤석중은 할머니 곁으로 돌아가기로 마음먹었습니다.
 다정한 할머니 곁에서 동요를 지으면서 살고 싶었습니다.

외할머니는 돌아온 석중을 보고 몹시 기뻐하셨습니다.
"이젠 이 할머니하고 같이 살자. 다시는 떨어지지 말자."
그 말씀만 하셨습니다.
"네, 할머니."
석중은 여든이 넘은 할머니께 효도하면서 좋은 동요를 짓겠다고 결심했습니다.
돌아와서 처음으로 '도깨비'라는 동요를 지었습니다.

새집으로 이사온 밤.
비 오고 바람 불고 천둥치던 밤.
뒷산에 뒷산에 도깨비가 나와
우리 집 지붕에 돌팔매질 하던 밤.

덧문을 닫고 이불을 쓰고
엄마한테 꼭 붙어앉아 덜덜 떨다가
자려고 자려고 마악 드러누우면
또 탕, 탕, 떼구르르 퉁!
귀를 막고, 눈을 감고,
그래도 탕, 탕, 떼구르르 퉁!

이튿날 아침
뒷산에 뒷산에 가 보니까
복숭아 나무 썩은 열매가
바람에 날려 떨어져서
탕, 탕, 생철 지붕을 치고는
떼구르르 굴러내려 땅으로 퉁!
그래서 밤새도록
탕, 탕, 떼구르르 퉁!

1933년 윤석중은 개벽사에 입사하여 소파 방정환의 뒤를 이어〈어린이〉란 잡지를 만들었습니다.

윤석중은 동요를 위해 태어난 사람입니다.

평생을 동요와 어린이를 위해 생활했으니까요.

"어둠이 가득한 이 나라에 빛이 있다면, 그것은 어린이다. 이들이 건강하게 자랄 수 있다면 우리 조국에도 큰 힘이 될 것이다."

윤석중은 우리 어린이들이 가장 잘 이해할 수 있는 동요를 지으려고 노력했습니다. 그래서 민요풍의 동요가 많았습니다.

그것은 우리 것을 탄압하는 일본에

대한 반항이기도 했습니다.

윤석중의 동요에 나오는 어린이들은 뛰어나지 않습니다.

그저 평범한 어린이들입니다.

잠 잘 자고, 밥 잘 먹고, 뛰고, 웃고, 무럭무럭 자라나는 우리 동네의 어린이들입니다.

또한 자연의 아름다움을 동시에 담는가 하면 어린이 행사 날 풍경을 그리기도 했습니다.

또, 천진하게 잠이 든 아기의 모습도 담았습니다.

어떤 동요에는 어머니의 사랑을 담기도 하였습니다.

모두 용기와 사랑을 느끼게 하는 내용이었습니다.

그 시절 일본은 학교에서 우리 나라 노래를 부르지 못하게 막았습니다. 우리 민족의 혼이 살아나는 것을 두려워했기 때문입니다.

어느 날 윤극영이란 친구가 찾아왔습니다.

윤극영은 동요 작곡가였습니다.

"우리가 만든 동요가 학교에서 불려질 수 있다면 얼마나 좋겠나."

"나도 오래 전부터 그 사실을 안타깝게 생각하고 있었네. 학교에서 우리 노래를 부르도록 해보세."

"흐음, 근사한 생각이로군. 사실 학교 선생들도 아이들에게 우리 노래를 가르치고 싶을 거야."

이렇게 해서 두 사람은 그 동안 지

은 노래를 서울의 각 학교 선생님께 보냈습니다.
예감이 맞았습니다.
아이들 입에서는 둘이 지은 동요가

자연스럽게 흘러나왔습니다.

참으로 빠른 속도였습니다.

일본 총독부에서는 깜짝 놀랐습니다. 하지만 일본의 아이들까지 우리 노래를 흥얼거리며 즐겨 부르고 있었습니다.

윤석중과 윤극영의 기쁨은 이루 말할 수가 없었습니다.

나란히 나란히 나란히
밥상 위에 젓가락이
나란히 나란히 나란히
댓돌 위에 신발들이
나란히 나란히 나란히
짐수레에 바퀴들이
나란히 나란히 나란히

학교 길에 동무들이
　　나란히 나란히 나란히

　지금도 어린이들이 좋아하는 '나란히'라는 동요입니다.
　윤석중은 평생 어린이를 위해 활동했습니다.
　어린이가 볼 수 있는 잡지나 신문도 펴냈습니다.

자라나는 새싹들에게 꿈을 심어주기 위해서였습니다.

〈소년〉, 〈유년〉 등의 잡지와 1945년에는 〈어린이 신문〉을 창간하기도 했습니다.

아동 문학 협회도 창설했습니다.

노래 동무회를 만들어 윤극영과 함께 동요 보급에 앞장서기도 했지요.

또한 새싹회도 창설하고 어린이 문학상도 만들었습니다.

〈고추 먹고 맴맴〉, 〈우산 셋이 나란히〉, 〈퐁당퐁당〉, 〈낮에 나온 반달〉, 〈밤 한

돌이 떽데굴〉, 〈자장가〉 등 우리에게 친근한 동요가 너무도 많습니다.

왜적을 무찌른
이순신

이순신의 할아버지 이백록은 당파 싸움에 몰려 벼슬자리에서 물러났습니다.

벼슬을 버린 뒤 할아버지는 아이들에게 글을 가르치며 살았습니다.

아버지 이정도는 마음이 곧은 선비였을 뿐, 생활 능력은 없었습니다.

그래서 집안 살림은 어머니 변씨가 삯바느질로 겨우 꾸려가는 형편이었습니다.

아버지는 셋째로 태어난 아들의 이름을 순신이라고 지었습니다.

중국의 어진 임금님의 이름을 딴 것이지요. 순신이 장차 커서 그런 어진 인물이 되라는 뜻이었습니다.

어머니와 아버지는 하루가 멀다 하

고 배를 곯고 지내는 아이들이 너무도 가여웠습니다.

그래서 궁리 끝에 외가로 내려갔습니다.

서울에서 살다 아산군 뱀밭이라는 시골로 내려간 이후 순신의 남다른 재능은 마음껏 발휘되었습니다.

순신은 활 쏘는 실력이 대단했습니다. 날아가는 새도 정확하게 맞힐 정도였으니까요.

순신은 진을 치고 노는 일을 무엇보다 좋아했습니다.

그날도 순신은 아이들을 데리고 나지막한 언덕 위에서 놀고 있었습니다.

"오늘은 여기서 진을 치고 있다가

적을 물리치는 거야."

그렇게 말하고는 아이들에게 돌 몇 개씩을 주워오라고 했습니다.

아이들은 순신의 말을 고분고분 잘 따랐습니다.

순식간에 돌이 수북하게 쌓였습니다.

순신은 책에서 배운 대로 하지 않고 머리를 짜내어 이리저리 궁리를 하여 진을 치기 시작했습니다.

"여긴 들어오는 문이야. 저긴 나가는 문이지. 적이 이 문으로 들어올 거야. 그러면 우리는 후퇴하는 척하는 거야. 그러다가 문 밖에 숨겨 둔 군사들이 공격을 시작하면 우리가 일제히 쳐들어 가는 거야. 알았지?"

어린 아이답지 않게 완벽한 전술을 펴보일 정도로 순신의 능력은 뛰어났습니다.

바로 그 때였습니다. 어떤 선비가 진을 밟고 지나치려 했습니다.

순신은 얼른 그 선비의 앞을 가로막았습니다.

"여기는 진이라서 피해 가셔야 합니다."

"진이라니?"

"여긴 지금 전쟁중입니다. 그러니까 피해를 안 입으시려면 이 곳을 피해서 가십시오."

"허허, 이런 맹랑한 녀석이 있나."

선비는 어이가 없어서 너털웃음을 짓고 말았습니다.

그리고 부드러운 음성으로 타일렀습니다.

"이 녀석아, 여긴 지나 다니는 길이 아니더냐. 내가 너무 바빠 그러니 잠깐만 길을 터다오."

하지만 순신은 단호했습니다.

"안 됩니다. 나라의 임금님도 진을 가로질러 갈 수는 없습니다. 나라가 위태로운데 누굴 봐주겠습니까?"

선비는 기가 막혔지만 너무도 옳은 소리라 허허 웃으면서 그 말대로 했습니다.

"야, 우리 대장 최고다!"

숨을 죽이고 있던 아이들이 일제히 함성을 질렀습니다.

순신은 무럭무럭 자라 스물두 살

청년이 되었습니다.

 장가를 들어 벌써 아들까지 두었지만 학문을 닦는 일은 한번도 게을리 하지 않았습니다.

 세상은 날이 갈수록 어지러워지기만 했습니다.

 벼슬아치들은 당파 싸움으로 날이 새는 줄 몰랐고 백성들은 불안에 떨며 살고 있었습니다.

 당연히 북쪽에서 오랑캐가 쳐들어 왔습니다.

 남쪽에서는 왜놈들이 나타나 온갖 나쁜 짓을 다 하고 있었습니다.

 "이 나라 사람으로 태어났으니 나라와 겨레를 위해 기꺼이 내 한몸 바치리라."

순신은 굳게 결심하고 글공부를 때려치웠습니다.
　그리고 열심히 무예 공부에만 전념하였습니다.

선조 6년. 순신은 처음으로 훈련원에서 실시하는 무과 시험에 응시했습니다.

활쏘기, 창던지기, 칼쓰기 등 참으로 많은 시험이 치러졌습니다.

순신의 차례가 되었습니다.

순신은 제일 억세고 힘차 보이는 말을 골라 탔습니다.

"이랴!"

순신이 고삐를 당기자 말은 요란한 소리를 내며 앞으로 달렸습니다.

사람들은 번개처럼 달리는 순신의 말 타는 솜씨에 함성을 질렀습니다.

그런데 이게 어찌 된 일일까요?

갑자기 말이 푹 고꾸라지고 말았습니다.

"아, 저런! 아까운 청년 한 명이 죽는구나!"

사람들이 외마디 비명을 질렀습니다. 그러나 순신은 벌떡 일어났습니다. 하지만 다리가 부러져 걸을 수가 없었습니다.

"에잇!"

순신은 버드나무 껍질을 벗겨 다친 다리를 동여매고 다시 말을 타고 힘차게 달렸습니다.

"무서운 젊은이다."

모두 한마디씩 했습니다.

하지만 순신은 그 날 시험에 낙방하고 말았습니다.

"좀 더 연습하라는 하늘의 뜻이로구나."

그렇게 생각한 순신은 더욱 열심히 무예를 닦았습니다.

그래서 다시 4년 뒤 당당하게 시험에 합격할 수 있었습니다.

그렇게 해서 어지럽고 어둡던 시기에 이순신 같은 장군이 우리 나라에 등장하게 되었습니다.

세계 최초의 철갑선이 바로 그가 만든 거북선입니다.

이순신은 고작 열두 척의 거북선으로 1백 3십여 척의 왜선을 쳐부수는 능력을 발휘했습니다.

임진왜란은 일본이 우리 나라를 송두리째 삼키려고 했던 전쟁입니다.

한 발만 그르치면 나라와 겨레를 송두리째 잃어버릴 정도로 아슬아슬

한 상태였습니다.

 이처럼 위급한 상황에 이순신 장군이 나타나 백의종군하면서 한몸으로 나라를 구한 것입니다.

원균의 모함으로 서울로 잡혀간 일도 있었습니다.

옥에 갇혀서도 나라 걱정에 제대로 잠을 이루지 못했습니다.

하지만 원균이 싸움에 지고 죽은 뒤 다시 삼도 수군 통제사가 되어 명량 해전에서 열두 척의 배로 크게 승리를 거두었지요.

이순신은 1598년 마지막 싸움인 노량 해전에서 적이 쏜 포탄에 맞아 숨졌습니다.

우리 나라를 손아귀에 넣으려다 이순신 장군에 패해 줄행랑을 친 왜적들. 그 일본 사람들마저도 이순신을 용맹스런 장군으로 꼽는 데 주저하지 않는다는 사실을 여러분은 아십니까?

이순신은 무예실력만 뛰어났던 것은 아닙니다.

글 솜씨도 뛰어나 〈난중일기〉를 남겼답니다.

〈난중일기〉는 이순신이 좌수사가 된 이후 한시도 쉬지 않고 국방에 힘쓰면서 쓴 일기입니다. 그의 일기를 한번 살펴볼까요.

1월 16일

방답진의 병선을 관리하는 관속들을 매질하였다. 병선을 수리하지 않았기 때문이다.

2월 15일

새로 쌓은 둑이 무너졌으므로 석수들에게 벌을 내리고 다시 쌓게 했다.

2월 26일

방답진에 가서 무기를 점검했다. 긴 화살이 쓸 만한 것이 없어 실망했으나 병선은 그런 대로 완전하여 기뻤다.

3월 6일

무기를 검열해 보니 활, 갑옷, 투구, 화살통, 칼 등이 녹슬고 망가진 것이 많았다.

관리하는 관속들을 처벌했다.

3월 27일

 배를 타고 소포 선창에 가서 나무기둥을 세우고 바다에 쇠사슬을 가로지르는 것을 하루 종일 감독했다.

천문 관측 기구를 발명한

장영실

때는 세종 5년, 왕실에서는 꽤 심각한 회의가 열리고 있었습니다.

"상감마마! 장영실은 한낱 기생의 자식입니다. 천하기로 말하자면 짐승과 다를 바 없사옵니다."

"비록 그 놈에게 뛰어난 재주가 있다 하여도, 벼슬까지 내리신다는 말은 거두어 주옵소서."

모두들 입을 모아 장영실에게 벼슬을 주겠다는 세종 대왕의 뜻을 반대했습니다.

그 무렵에는 양반집 자식이 아니면 벼슬길에 오를 수가 없었습니다.

"허허, 과인의 뜻을 아는 사람이 한 사람도 없단 말이오?"

이 때, 황희 정승이 임금 앞에 나

섰습니다.

"비록 천한 신분이기는 하오나 장영실의 뛰어난 재주는 너무도 아깝사옵니다. 마마의 뜻대로 장영실을 불러들임이 옳사옵니다."

그제서야 세종 대왕은 만족한 웃음을 지었습니다.

"과인의 생각도 그러하오. 아무리 천한 신분이라 하여도 그 사람됨과 재주가 비상하다면 나라에 크게 보탬이 될 것이오. 그러니 마땅히 벼슬을 내려야 한다고 생각하오. 당장 장영실을 데려 오도록 하시오."

임금의 명을 받은 공조 참판 이천은 곧바로 장영실의 고향으로 말을 달렸습니다.

그렇게 해서 장영실은 고향을 떠나 생전 처음 보는 대궐을 들어가게 되었답니다.

임금님 앞에 엎드려 있을 때는 숨 한번 제대로 쉴 수 없을 지경이었습니다.

"어서, 고개를 들도록 하여라!"

그러나 장영실은 너무 황공하여 고개를 들 수가 없었습니다.

세종 임금은 웃음을 터뜨리며 인자한 목소리로 말하였습니다.

"그대가 뛰어난 재주를 지녔다고 들었노라. 이제 천한 신분을 면하게 하고 대신에 관직을 주려 하노라!"

"예? 벼슬이라고요?"

장영실은 깜짝 놀라 자신의 귀를

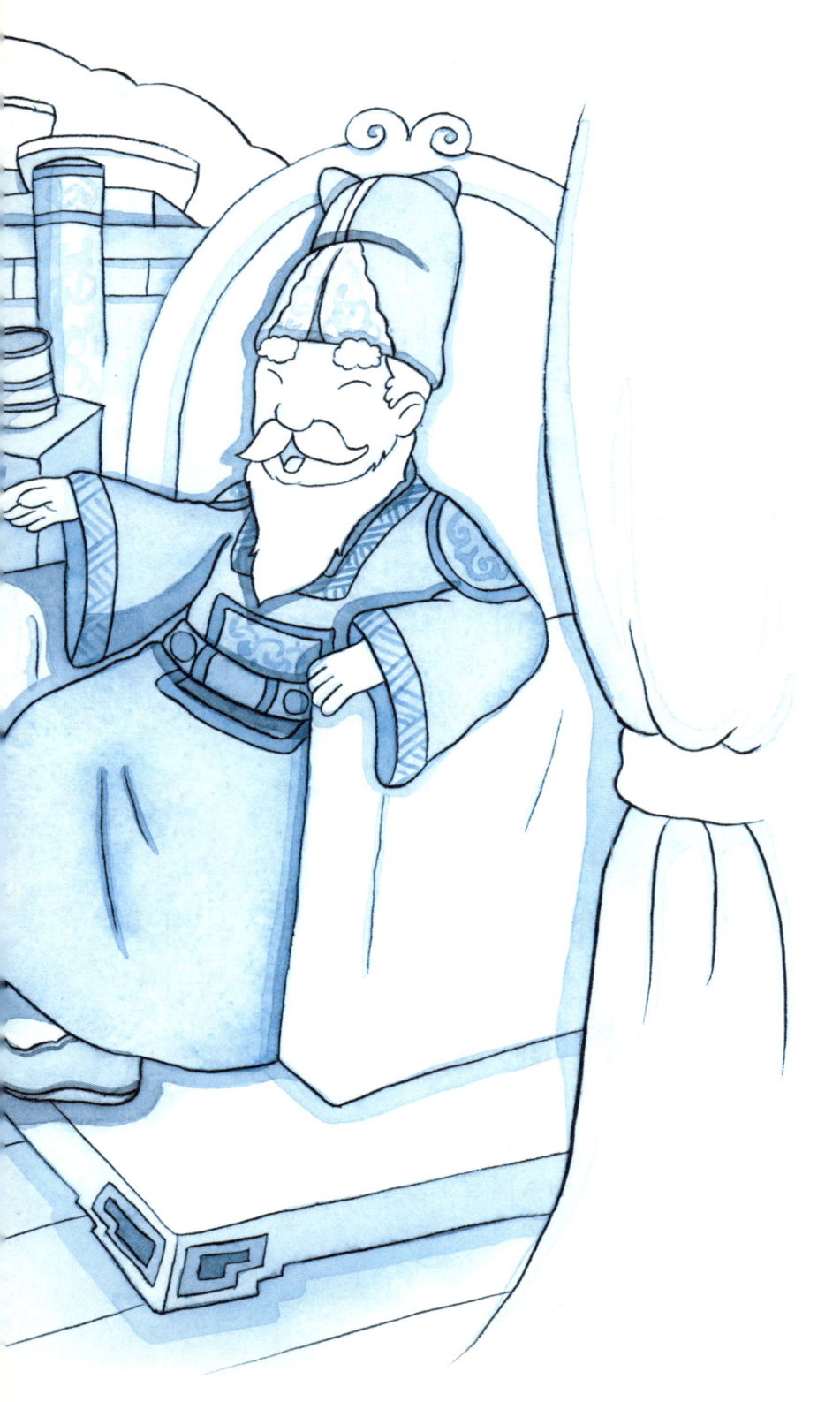

의심했습니다.

'내가, 이 장영실이 벼슬길에 오르다니. 죽기 전에 대궐 구경조차 한 번 못하리라고 생각하던 기생의 자식인 내가…….'

장영실은 참으로 세종 대왕의 은혜가 망극하기만 했습니다.

장영실은 관청에 딸린 기생의 아들로 태어났습니다.

태어날 때는 누구나 아버지가 있게 마련입니다.

그런데 딱하게도 영실이는 아버지가 누구인지 얼굴이 어떻게 생겼는지도 모르는 채 자랐습니다.

영실은 여섯 살이 될 때까지 동무도 없이 집에서 온종일 혼자서만 놀았습니다.

그래서 그의 손에는 항상 뭔가가 들려 있었습니다.

돌이나 사금파리 하나만 보아도 뭘 만들까 궁리를 하고는 했습니다.

어떤 날에는 작은 물레방아를 만들어 개울에 설치해 보았습니다.

그런가 하면, 때로는 나무 배를 만들어 도랑에 띄워 보기도 했습니다. 나무를 깎아 수레를 만들어 노는 날도 있었습니다.

"허허, 어린 놈이 손재주가 비상하구나!"

사람들은 모두 장영실의 손재주를 칭찬했습니다.

"네가 양반 자제로 태어났다면 큰

일을 할 수 있었을 텐데……."
 나이가 좀 더 들자 영실은 관가에서 일하게 되었습니다.
 "에그머니, 이를 어쩐다. 시집 올 때 가져온 장롱인데!"

하루는 사또 부인의 값비싼 장롱이 망가졌습니다.

"너무 근심 마시오. 관복 중에 손재주가 빼어난 아이가 있다 하니, 한번 맡겨 봅시다."

사또는 당장 장영실을 불러 장롱을 수리하도록 하였습니다.

"내일이면 원래대로 고쳐놓을 수 있을 겁니다."

영실은 하루 만에 망가진 장롱을 새 것처럼 꾸몄습니다.

"어머, 장롱이 예전보다 더욱 예뻐졌네."

사또 부인은 기뻐 어쩔 줄을 몰라 했습니다.

어느 날 영실이 우물가를 지날 때

였습니다.

"어휴, 물긷기가 이렇게 힘들어서야, 원."

사람들이 두레박으로 물을 긷느라 진땀을 빼고 있는 것이었습니다.

"아저씨, 제가 힘들이지 않고 물을 긷게 해드릴까요?"

"네가? 그렇게만 해준다면 얼마나 고맙겠냐마는……."

사람들은 눈을 빛내며 영실을 쳐다보았습니다.

영실은 얼른 근처에 있는 나무를 들고 왔습니다.

그리고 재빨리 손을 놀려 도르래를 만들었습니다.

"자, 이제 다 되어갑니다."

이번에는 우물 위로 지지대를 만들고 거기에 도르래를 설치했습니다.
"자, 이제 이 줄을 당겨 물을 긷도

록 하십시오."

어른은 영실이 시키는 대로 줄을 당겼습니다.

그러자 두레박 가득 물이 담겨 올라오는 것이 아니겠어요!

"이럴 수가! 이렇게 손쉽게 물을 퍼올릴 수 있다니. 너무 고맙다, 영실아!"

영실의 비상한 손재주는 온 고을 구석구석까지 퍼져 나갔습니다.

그래서 기계를 고친다거나 관가의 무기를 수리할 적엔 무조건 영실을 불렀습니다.

어느 해 가뭄이 몹시 심했습니다.

논바닥이 갈라지고 백성들의 얼굴엔 수심이 가득했습니다.

나라와 고을에서는 정성을 다해 기우제를 지냈습니다.

그러나 하늘에서는 비 한 방울 내리지 않았습니다.

"하늘도 무심하시지. 당장 비가 오지 않으면 이젠 꼼짝없이 굶어 죽게 생겼어."

농부들은 하늘을 원망하며 한숨만 내쉬었습니다.

영실은 농부들의 시름을 덜어주고 싶었습니다.

영실은 관가로 찾아가 간곡하게 말했습니다.

"마을에서 십리 가량 떨어진 곳에 개울이 하나 있습니다. 크지는 않지만 사철 내내 물이 마르지 않는 개울로 알고 있습니다. 그 개울물을 끌어오면 충분히 논에 물을 댈 수 있을 것입니다."

"당치도 않은 소리! 십리 밖에서 물을 끌어오다니!"

"길만 제대로 내준다면 물은 십리가 아니라 백리 밖에서라도 끌어올 수 있습니다."

"물길을 낸다? 그럼, 대체 어떻게 물길을 내지?"

"마을 사람들을 모아 하루 속히 들녘까지 물길을 터야지요."

그리하여 곧바로 물길을 트는 작업이 시작되었습니다.

마을 사람 모두 나서서 일을 거들었습니다.

영실은 조금이라도 빨리 물길이 트이도록 밤잠을 자지 않고 일에 매달렸습니다.

마침내 영실의 뜻대로 물길이 트였습니다.

"만세! 벼가 살아났다. 장영실 만세!"

농부들의 기쁨은 이루 말로 표현할 수 없었습니다.

이 소문은 빠른 속도로 퍼져나가 임금님의 귀에까지 들어갔습니다.

이렇게 하여 장영실은 임금님의 부름을 받게 된 것입니다.

궁중의 벼슬에 오르게 된 장영실은 모든 일이 꿈만 같았습니다.

'이토록 엄청난 은혜를 베풀어 주

신 임금님을 위하여 있는 힘과 정성을 다하리라!'

당시 세종 대왕은 천문 관측 기구의 제작을 서둘렀습니다.

하루라도 빨리 그것들을 경복궁에 설치하고 싶었던 것입니다.

천문 관측 기구를 만드는 일은 특별한 기술이 필요했습니다.

"천문 관측 기구를 누구에게 맡길까? 그 일을 해내려면 먼저 사물의 이치를 꿰뚫어 볼 수 있는 힘을 지녀야 할 것이다. 그리고 빼어난 손재주도 지닌 자라야 할 텐데……. 그렇지! 장영실이 있었구나. 여봐라, 장영실에게 간의와 혼천의를 만들게 하도록 하여라."

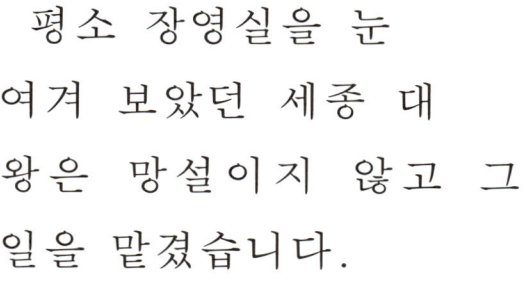

평소 장영실을 눈여겨 보았던 세종 대왕은 망설이지 않고 그 일을 맡겼습니다.

혼천의란 별들의 움직임을 관찰하여 시간을 알 수 있도록 만든 기구였습니다.

"상감마마 성은이 망극하옵니다. 기필코 훌륭한 기구를 만들도록 하겠습니다."

'간의, 혼천의, 간의, 혼천의…….'

장영실은 자나깨나 간의와 혼천의에 대한 생각뿐이었습니다.

오랜 시간과 노력 끝에 드디어 장영실은 혼천의를 만드는 데 성공하였습니다.

일을 시작한 지 무려 15년이 지난 후였습니다.

혼천의가 만들어진 날 세종 대왕의 기쁨은 이루 말할 수가 없었습니다.

"이 혼천의에는 하늘의 신비로운 조화가 서려 있구나."

그렇게 기뻐하는 세종 대왕을 보면서 장영실은 감격의 눈물을 흘렸습니다.

장영실의 업적은 이후로 더욱 빛나기 시작했습니다.

이번엔 물시계에 대한 연구를 시작했습니다.

　본래 물시계는 물동이 같은 그릇에 구멍을 뚫어 놓고 거기서 떨어지는

물의 양을 헤아려 시간을 알아내는 것입니다.

그런데, 중국에서는 이미 7백 년 전에 만들어졌습니다.

그러나 그것은 사람이 물동이 옆을 종일 지키고 섰다가 시간이 되면 종이나 북을 쳐서 시간을 알려야 했기 때문에 불편하기 짝이 없는 것이었습니다.

그 후로 중국이나 아라비아에서는 연구를 거듭하여, 자동으로 종이 울리는 물시계를 만들기도 했습니다.

여전히 불편한 점이 많았습니다.

장영실은 날마다 물시계에 관한 옛 기록들을 살폈습니다.

미친 사람처럼 물시계의 모형을 그

려 보기도 했습니다.

"기필코 새로운 물시계를 창조하고 말리라!"

그리하여 장영실은 마침내 옛 물시계의 부족한 점을 메우는 새로운 물시계를 만들어 내는 데 성공하였습니다.

이것이 바로 우리 나라에서 만들어진 물시계 중 가장 정확한 자격루랍니다.

물시계를 궁궐에 설치하던 날 세종 대왕은 장영실을 위해 큰 잔치를 베풀었습니다.

"이것은 온 나라의 경사요. 장영실 그대는 나를 도우라고 신이 내린 사람인 듯하오."

세종은 친히 장영실에게 술잔을 내리셨습니다.

장영실은 너무나 황공한 나머지 주르르 눈물을 흘렸습니다.

장영실의 업적은 이후에도 계속되었습니다.

측우기도 발명했습니다. 측우기란 비가 오는 양을 측정하는 아주 편리한 기구랍니다.

이 측우기는 서양의 그것보다 무려 2백 년이나 앞서 만들어졌습니다.

비의 양을 기록하는 것은 농사에는 퍽이나 중요한 일이었습니다.

오랜 세월을 두고 비의 양을 관측해서 평균 강수량을 알고 나면, 가뭄이나 홍수를 이겨내는 데 도움이 되게 마련이었습니다.

 세월이 흘러감에 따라 장영실도 늙어 갔습니다.

 나이가 들었지만 장영실은 젊은이 못지않게 일에 매달렸습니다.

 장영실은 가마를 만들라는 분부를 받았습니다.

 임금님이 타실 가마였습니다.

 장영실은 못질 하나하나에도 혼신의 힘을 다하였습니다.

 그러나 그 가마 때문에 장영실은 옥에 갇히고 말았습니다.

 세종 대왕이 그 가마를 타고 종묘로 향하던 중 그만 부서지고 말았던 것입니다.

 "네 놈이 감히 대왕마마를 죽이려

들다니!"

 대궐의 신하들은 기다렸다는 듯이 장영실에게 화살을 퍼부었습니다.

 "마마, 절대 그런 적이 없사옵니다. 소인이 어찌 마마의 은혜를 저버리겠습니까!"

 장영실은 울면서 말했습니다.

 장영실의 마음을 모를 세종 대왕이 아니었습니다.

 그러나 반대하는 신하들 때문에 마음대로 풀어줄 수가 없었습니다.

 세월이 지나 장영실은 옥에서 풀려났습니다.

 그렇지만 그 이후로 장영실에 관한 얘기는 남아 있는 게 없답니다.

 그가 어디서 살았고 어디에서 죽었

는지 아무런 기록도 남아 있지 않습니다.

 기생의 자식으로 태어나 임금의 총애를 한몸에 받으며 많은 업적을 남긴 장영실. 그의 위대한 발명 정신은 영원히 우리 가슴에 살아 있을 것입니다.

동의보감을 쓴
허준

어느 추운 겨울 날입니다.

소년 허준은 마을 아이들과 어울려 사냥을 나가기로 했습니다.

"오늘 같은 날은 토끼몰이가 제격이지. 눈이 덮여 꼼짝 못할 거야!"

아이들은 신이 나서 외쳤습니다.

뒷산 마루에 올라간 소년들은 여기저기로 흩어졌습니다.

소년들은 산꼭대기에서부터 조심조심 덤불을 헤치기 시작했습니다. 눈 쌓인 산비탈은 몹시 미끄러웠으니까요.

하지만 소년들은 마냥 즐거웠습니다. 어떤 아이는 까닭 없이 눈밭에 뒹굴어 보기도 했습니다.

눈을 뭉쳐 멀리 던져 보는 아이도

있었습니다.

그 때마다 소년들의 입에서는 하얀 김이 피어 올랐습니다.

그 때였습니다.

조그만 새끼 토끼 한 마리가 나무 숲 사이에서 뛰어나오는 것 아니겠어요.

깡총깡총 뛰어오던 토끼는 허준의 앞을 가로질러 산 밑으로 도망갔습니다.

"옳지, 토끼로구나!"

어린 허준은 토끼를 쫓아 달음박질쳤습니다.

산토끼는 깊은 눈 속에 자꾸만 발이 빠졌답니다. 뒤뚱거리다가 넘어지곤 했지요.

토끼는 결국 내리막에서 힘을 내지 못했습니다. 뒷다리가 짧았기 때문이지요.
"요놈, 네가 뛰어봤자 벼룩이지!"

허준은 재빠르게 토끼를 잡았습니다. 그리고는 잡은 토끼를 내려다보았습니다.

그런데 토끼는 애처로운 눈빛으로 허준을 올려다보고 있는 것 아니겠어요.

허준은 갑자기 토끼가 가엾게 여겨졌습니다.

그래서 친구들 몰래 저고리 섶 안에 넣고 산꼭대기로 올라갔습니다.

"토끼야, 깊은 산 속으로 들어가거라. 그리고 다시는 나오지 마렴."

토끼를 놓아준 허준은 휘파람을 불며 산을 내려왔습니다.

허준은 조선 명종 때인 1546년 3월

5일에 태어났습니다.

지금 김포군이 허준의 고향이지요.

그는 애초부터 부귀영화에는 뜻이 없었답니다.

본처가 아닌 첩의 자식(서자)으로 태어났기 때문에 벼슬에 오를 수가 없어서 그런 것만은 아닙니다.

허준의 꿈은 남과 달랐습니다.

'의학을 공부해 병으로 시달리는 사람들을 도와주고 싶어.'

늘 그런 생각만 했습니다.

병이 들었어도 돈이 없고 돈이 있어도 약이 없어서 죽는 사람을 볼 때마다 허준은 너무도 안타까웠습니다.

"유의태 선생은 하늘에서 내린 의

원이시지."

"그 분한테 치료를 받으면 앉은뱅이도 벌떡 일어날 정도지."

유의태 의원.

그의 뛰어난 의술은 세상에 널리 퍼져 있었습니다. 허준은 반드시 그 분 밑에 들어가 의학 공부를 하겠다고 다짐했습니다.

마침내 허준은 용기를 내어 유의태 선생을 찾아갔습니다.

"선생님 저를 거두어 주십시오. 선생님처럼 훌륭한 의원이 되고 싶습니다."

공손하게 무릎을 꿇고 앉아 간청하는 허준을 유의태는 자세히 살펴보았습니다.

'눈이 호수처럼 맑구나. 퍽이나 어질어 보이는 눈빛, 평온해 보이는 얼굴, 겸손한 태도.'

유의태는 한눈에 허준이야말로 자신이 찾던 제자라는 것을 알아보았습니다.

"자네 마음에 결심한 바가 뚜렷하다면 오늘부터 나와 함께 있기로 하세."

"고맙습니다, 선생님."

허준은 감사의 표시로 다시 깊숙이 절을 하였습니다.

이 날부터 허준은 뛰어난 스승 유

의태로부터 의술을 배우게 되었습니다. 허준은 잠시도 쉬는 법이 없었습니다.

선생님으로부터 의술을 배우고 남는 시간에는 약풀을 간추려 약장에 정리하기도 하고, 또 썰기도 하였습니다.

이따금 병자가 찾아오면 그도 스승의 가르침에 따라 환자의 맥도 짚어 보고 진찰도 하며 치료 경험을 쌓아 갔습니다.

일이 끝나면 책을 펴들고 쉴새없이 공부를 하였습니다.

허준은 하나를 가르치면 열을 깨우치곤 했습니다.

타고난 총명함과 부지런함 덕분이

었습니다.

이를 대견해 하시던 스승이 하루는 허준을 불렀습니다.

"내 생각엔 자네도 이제는 훌륭한 의원으로서 손색이 없네. 늘 시골에 묻혀 살 수야 있는가? 이번 기회에 서울로 가서 과거를 보게나."

허준은 잠시 망설였습니다.

정든 스승의 곁을 떠난다 생각하니 너무도 서운했습니다.

그러나 더 넓은 세상을 배우고 더 깊은 의술을 배우자면 서울로 가야 할 것 같았습니다.

"선생님의 깊은 사랑을 한시도 잊지 않겠습니다."

며칠 후 허준은 서울로 떠났습니

다. 그리하여 선조 7년인 1574년 4월, 허준은 당당히 과거에 합격하였습니다.

"선생님 고맙습니다. 선생님 은혜로 합격이 되었습니다."

허준은 합격을 한 뒤에 스승이 있는 방향을 향해 큰절을 올렸습니다.

의관이 된 허준의 태도는 매우 훌륭하였습니다.

아픈 사람이면 누구나 불쌍히 여겨 정성껏 병을 고쳐주었습니다.

"너무 걱정하지 마십시오. 별로 심각한 상황은 아니니까 마음 편하게 먹도록 하세요."

그는 병든 사람들의 손을 잡아 주며 안심을 시켰습니다.

병든 사람에게 가장 중요한 것은 뛰어난 의술도 있어야겠지만 따뜻한 애정이 더 필요하다는 것을 허준은 몸소 실천해 나갔습니다.

"허준 의원님은 인품이 뛰어난 분이셔."

"그런 분한테 치료를 받을 수 있다니 얼마나 고마운 일인가."

"나는 살면서 그분만큼 남을 위해 애쓰시는 분은 처음 본다구."

허준을 만나고 돌아간 사람들은 한결같이 그렇게 말했습니다.

날이 갈수록 허준의 명성은 높아만 갔습니다. 찾아오는 환자가 많아서 잠시도 쉬지 못할 정도였지요.

그래도 허준은 자신보다 병든 사람들을 먼저 생각했습니다.

허준의 의술은 궁궐에까지 소문이 퍼졌습니다.

선조 8년에 허준은 임금의 부름을 받았습니다.

"허 의관, 왕자가 몹시 심하게 앓고 있소. 허 의관이 치료를 한번 해 보시오."

선조 임금은 간절하게 말했습니다.

"하늘이 왕자님을 보살펴 주실 것입니다. 부족한 실력이나마 최선을 다해 왕자님의 병을 고치도록 하겠습니다."

 그 날부터 허준은 왕자의 침실 가까운 곳에 머물며 잠시도 한눈을 팔지 않았습니다.

 하지만 왕자의 병세는 너무도 심각했습니다. 열이 오르고 헛소리를 하며 비명을 질렀습니다.

 생명이 위태로울 정도였습니다.

 허준은 몸을 아끼지 않고 왕자를 보살폈습니다.

 며칠 동안 눈 한번 붙이지 못하고 그 곁을 지켰습니다.

 "하늘이시여! 제가 장차 왕이 되실 분의 치료를 맡게 되었습니다. 제게 지혜를 주십시오. 또한 저와 왕자에게 축복을 주옵소서."

허준의 간절한 마음과 뛰어난 의술 덕분에 왕자는 드디어 조금씩 회복이 되어갔습니다.

눈망울이 초롱초롱해지며 입가에 미소가 어렸습니다.

누구보다 임금님이 가장 좋아하셨습니다.

"과연 하늘이 내린 의술이구려. 그대의 정성이 헛되지 않았어."

"황송하옵니다."

허준도 왕자의 완쾌가 너무 기뻐 눈물을 흘리고 말았습니다.

그 뒤로 선조 임금은 허준의 재주를 아끼며 각별히 그를 사랑하였습니다.

그 무렵 나라 형편은 참으로 어지

러웠습니다.

 왜구들이 마구 쳐들어 왔고 농사까지 흉년이 들어 백성들의 생활은 너무도 비참했습니다.

 임진왜란이 끝나자 나라 전체가 굶주림과 질병으로 몸살을 앓았습니다.

 임금님의 걱정은 이만저만이 아니었습니다.

 '어떻게 하면 이 불쌍한 백성들을 구해낼 수 있을 것인가.'

 오로지 그 걱정뿐이었습니다.

 어느 날 조정의 신하들이 임금님께 말씀드렸습니다.

 "지금 온 나라가 전염병으로 시달리고 있습니다. 배고픔도 큰일이지만 이러다가는 수없이 많은 백성들이 전염병으로 죽을 것입니다."

"그럼 어떻게 해야 될 것 같소?"

"의학책을 널리 보급해서 백성들이 직접 건강을 돌볼 수 있게 해야 합니다."

"하지만 지금 있는 것들은 중국에서 들여온 의학책이라 백성들이 쉽게 볼 수 없지 않소?"

"우리가 직접 동의보감을 만들면 될 것입니다. 우리 글로 쉽게 써서 모든 백성들이 손쉽게 읽고 볼 수 있도록 하면 될 것이옵니다."

"동의보감을? 그것 참 좋은 생각이구려."

선조 임금은 무릎을 탁 치며 좋아

하셨습니다.

그리고 그 날로 백성들이 쉽게 볼 수 있는 의학책을 만들라는 명령을 내렸습니다.

임금님의 명령을 받은 허준은 밤낮으로 책을 만들기 시작했습니다.

어느덧 십 년 세월이 흘렀습니다.

그 동안 허준의 고생은 이루 다 말할 수가 없었습니다.

몸을 돌보지 않고 일에만 매달리는 허준을 보고 임금님까지 몹시 걱정할 정도였으니까요.

드디어 허준이 동의보감을 완성할 무렵이었습니다.

그런데 임금님이 그만 병으로 자리에 눕게 되었습니다.

허준은 정성을 다하여 임금님을 보살폈습니다.

그러나 허준의 정성 어린 치료에도 불구하고 1608년 2월, 선조 임금은

마침내 세상을 떠나고 말았습니다.

　그 해 3월 허준도 궁궐을 떠나야 했습니다.

　조정에서 임금님의 죽음이 허준 탓이라며 귀양을 보냈던 것입니다.

　귀양을 떠나서도 허준은 열심히 〈동의보감〉을 썼습니다.

　외로움과 굶주림, 그리고 심한 추위가 허준을 괴롭혔습니다.

　그러나 허준은 피나는 노력으로 동의보감을 완성해 나갔습니다.

　일년 후에 다시 서울로 올라오는 허준의 손에는 커다란 보따리가 들려 있었습니다.

　귀양살이를 하면서 쓴 책들입니다.

　광해군 2년인 1610년 8월 6일, 15

년이라는 긴 세월의 노력 끝에 드디어 〈동의보감〉이 세상에 나오게 되었습니다.

모두 25권이나 되었습니다.

"이 책을 널리 알려 백성들이 질병에서 벗어날 수 있도록 하여라!"

〈동의보감〉을 보고 광해군은 몹시 기뻐했습니다.

수많은 생명을 구하고, 동양에서 가장 뛰어난 의학서적을 만든 허준은 70세를 일기로 생애를 마쳤습니다. 그 때가 광해군 7년 1615년 8월 13일이었습니다.

임종할 때도 허준의 머리맡에는 스물다섯 권의 동의보감이 놓여 있었다고 합니다.

초판 1쇄 인쇄　2010년 3월 10일
초판 1쇄 발행　2010년 3월 17일

엮 은 이　위인전 편찬위원회
발 행 인　김범수
발 행 처　자유토론
주　　소　서울시 양천구 목2동 504-17 신구빌딩 2층
전　　화　070-7641-9515
전　　송　02-732-3474
E-mail　fibook@naver.com
출판등록　제 314-2009-000001
　　ISBN　978-89-93622-27-0 73990

값 8,500원

잘못된 책은 구입하신 서점에서 교환해 드립니다.
저자와의 협의에 의해 인지는 생략합니다.

한국소설대학 엮음

글짓기는 가나다

일기/생활문/동시/독서감상문/동화/설명문/논설문/편지글
웅변·연설문/기록문(관찰기록)/기행문/희곡/원고 쓰는 법

전13권, 낱권 판매, 각권 5,000원

"글짓기가 어렵다구요?"

뿌리깊은 나무는 바람에 흔들리지 않습니다.

〈글짓기는 가나다〉는 아직 말하는 것이나 논리적인 글쓰기가 서툴 수밖에 없는 초등학생 어린이들을 위한 자세하고 친절한 글짓기 안내서입니다. 일기, 생활문부터 동화, 편지, 기록문까지 모두 장르 별로 13권으로 구성되어 있습니다.

〈글짓기는 가나다〉는 학습지를 겸한 형태의 기존 글짓기 책들에서 벗어나 무엇보다도 어린이들이 작품을 잘 이해하고 느끼는 것에 비중을 두고 쓰여졌습니다. 이를 위해 예문을 아주 많이 들었습니다. 책에 나오는 예문들은 모두 초등학교 어린이들이 고사리 같은 손으로 직접 쓴 것들로 생생한 현장감과 함께 어린이들이 마치 친구에게서 설명을 듣는 것 같은 친근함을 느끼며 읽을 수 있습니다.

이 책은 한국소설대학(소설 창작 위주의 문학 아카데미, 학장 윤후명)에서 글짓기에 대한 모든 분야를 섭렵하여 완성한 이론을, 어린이들이 이해하기 쉽도록 재미있는 그림과 생생한 예문을 곁들여 구성하였습니다. 자칫 지루하고 딱딱해지기 쉬운 이론들을 구어체로 설명해놓아 글짓기에 대한 벽을 허물고 내용을 재미있게 읽어가면서 어느새 글짓기에 대한 자신감을 가지도록 해주는 책입니다.

생활문 쓰는 아이들

신지선 외 지음

지아는 IMF 때문에 세뱃돈 주머니가 훨씬 작아졌지만 그래도 어른들께 마냥 고마움을 느낍니다. 정화는 아빠의 쏙 들어간 배를 보면 울컥 눈물이 나려 합니다. 효민이는 찢어진 수영복을 입고도 아이스크림 앞에서 마냥 웃고 있는 여동생이 세상에서 가장 사랑스럽습니다.
표현을 잘 못할 뿐이지 아이들의 마음속에는 의젓한 생각이 가득합니다. 생활문은 바로 그 숨겨진 마음을 보여주는 거울입니다.

신국판/삽화, 2도 인쇄/값 6,000원